Spanish Is Fun

Written by

GLENIS PICKERING

First published
January 04 in Great Britain by

Educational Printing Services Limited
Albion Mill, Water Street, Great Harwood, Blackburn BB6 7QR
Telephone: (01254) 882080 Fax: (01254) 882010
e-mail: enquiries@eprint.co.uk web site: www.eprint.co.uk

ISBN 1 904374 69 7

Spanish Is Fun

INTRODUCTION

This book is designed to introduce pupils to quite a lot of basic Spanish vocabulary, allowing the teacher to develop their knowledge, (depending upon the ability of the pupils). Repetition is important to allow pupils to remember the words. We recommend that you use as much Spanish as possible during the lesson – always greet the class in Spanish and encourage the children to greet you in Spanish. Take the register in Spanish – each pupil then gets used to having a turn at speaking. Ask the pupils the date (¿Qué fecha es hoy?) and what the weather is like (¿Qué tiempo hace hoy?). By starting with one-word answers and then trying to build phrases, pupils will become more confident.

If it is fun to learn, pupils will realise that they are building up their Spanish vocabulary and they will want to learn more. They will be excited about being able to use their newly acquired language if they go on holiday to Spain.

When speaking Spanish, it is important to stress the right part of each word. A few words have a stress mark that is over the part of the word you would stress. Stress marks are used to make clear the difference between two words that sound the same and would otherwise look the same, but with different meanings and sometimes they are used to show where a syllable is to be stressed if it does not obey the standard rules.

About Spain

How many of you have been to Spain on holiday?

Where did you stay?

- The oldest working lighthouse in the world is at La Coruña in northwest Spain. It has been on this site since the time of the Roman Emperor, Trajan.

- Spain's total surface area is 504, 788 sq. kms.

- Ciudad Condal is another name for Barcelona.

- Until recently, National Service (El Servicio Militar) was compulsory for men. (Abandoned in 2002).

Spain is the second largest, and second most mountainous country in Europe, with a population of approximately 40 million. It is much bigger than England.

Madrid is the capital of Spain. One of the more popular streets is Gran Vía. It is the home of the largest bullring, Plaza de Toros de Las Ventas. Local football teams are Real Madrid and Atlético de Madrid. The famous Catedral de Nuestra Señora de la Almudena was opened to the public in 1992 after 110 years under construction. The city is renowned for one of the biggest flea markets, El Rastro, on Sundays, where you are able to purchase lots of bargains.

Other famous places to visit are Barcelona with many tourist attractions including the 'Noucamp' football stadium, its cathedral which is central to Barcelona's history, and The National Palace and its dancing fountains, where thousands of people gather to watch the fantastic display.

Seville, the Canary Islands, Benidorm, the Balearic Islands of Ibiza, Mallorca, and Menorca, are all very popular tourist destinations in Spain.

Quiz

1 What is the capital of Spain?

2 What is the name of the largest bullring?

3 Name the oldest working lighthouse.

4 How long has it been on this site?

5 The famous Catedral de Nuestra Señora de la Almudena was opened to the public in 1992, after how many years under construction?

6 What is another name for Barcelona?

7 Name one of the two famous football teams, mentioned, who play in Madrid.

8 What was abandoned in 2002?

9 The National Palace in Barcelona has which famous attraction?

10 El Rastro is held on which day?

Words to Learn

sí	-	yes
no	-	no
por favor	-	please
gracias	-	thank you
y	-	and
hola	-	hello
adiós	-	goodbye
Señor	-	Mr/Sir
Señora	-	Mrs
Señorita	-	Miss
buen provecho	-	enjoy your meal
la cuenta	-	the bill
un menú	-	a menu
un café	-	a café
un café solo	-	a black coffee
un cortado	-	a white coffee
un café con leche	-	a milky coffee
vino tinto	-	red wine
vino blanco	-	white wine
hasta luego	-	see you

Estos son los García

La señora García
la madre
Mamá

El señor García
el padre
Papá

María García
la hija

José García
el hijo

La Sra. García es la esposa del Sr. García.

El Sr. García es el marido de la Sra. García.

María es la hija de los señores García.
Es la hermana de José.

José es el hijo de los señores García.
Es el hermano de María.

Madre	-	mother	*Padre*	-	father
Mamá	-	Mum	*Papá*	-	Dad
una hija	-	daughter	*un hijo*	-	son
una esposa	-	wife	*un marido*	-	husband
una hermana	-	sister	*un hermano*	-	brother

Los García

Who? - ¿Quién?

1 *¿Quién es la madre?*

____

2 *¿Quién es la hermana de José?*

____

3 *¿Es el Sr. García el hijo de la Sra. García?*

____

4 *¿Quién es el hijo de la Sra. García?*

____

5 *¿Cómo se llama el hermano de María? Se llama . . .*

____

6 *¿Cómo se llama la hermana de José? Se llama . . .*

____

7 *¿Cuántos miembros tiene la familia García?*

____

José García

Me llamo José.
Tengo once años. Tengo una hermana que se llama María.
María tiene doce años.
Tengo un perro, dos gatos y un pez de colores.

Write a few sentences about yourself based on the short description of José.

If you are an only child you would say *Soy hija única (feminine) Soy hijo único (masculine).*

If you don't have any animals you would say *No tengo animales en casa.*

Greeting A Friend

Now do this with a friend, putting in your own names and ages.

y	-	and
gracias	-	thank you
adiós	-	good-bye
¿Qué tal?	-	are you O.K?
¿Cómo te llamas?	-	what is your name?
¿Cuántos años tienes?	-	how old are you?

¿Qué hora es?

Es la una

Son las dos

Son las doce

Son las doce de la noche

Son las tres y media

Son las siete y media

Son las cinco y cuarto

Son las diez y cuarto

¿Qué hora es?

Son las seis menos cuarto

Son las dos menos cuarto

Son las dos y cinco

Son las dos y diez

Son las dos y veinte

Son las dos y veinticinco

Son las tres menos veinticinco

Son las tres menos veinte

Son las tres menos cinco

Son las tres menos diez

¿Qué hora es?

Complete the sentences.

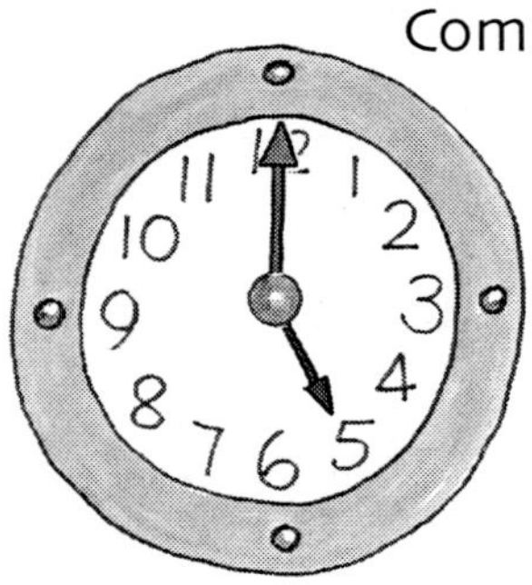

Son las ______________________

Son las ______________________

Son las ______________________

Son las ______________________

Son las ______________________

Son las ______________________

Son las ______________________

Son las ______________________

Son las ______________________

Son las ______________________

¿Qué es eso?

Learn the words and practise asking a friend - *¿Qué es eso?*

Es una mesa

Es una ventana

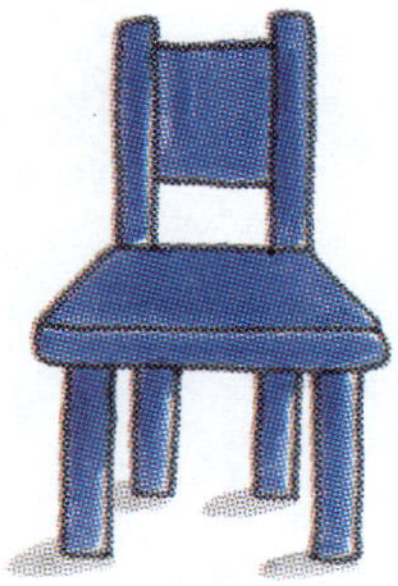

Es una silla

Es un libro

Es un lápiz

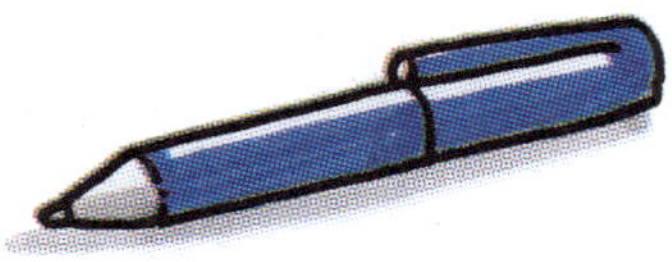

Es un bolígrafo

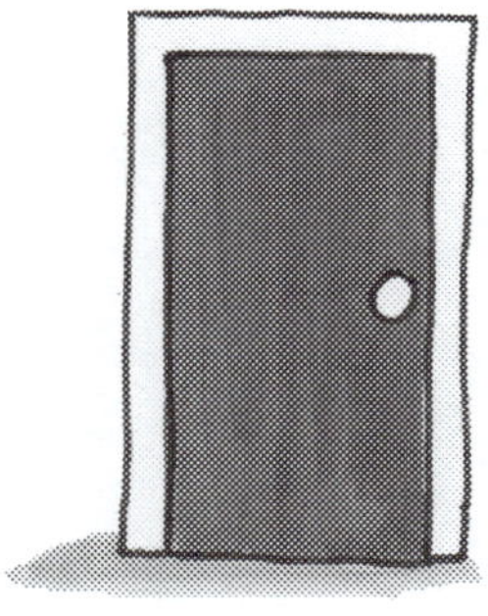

Es una puerta

Es un ordenador

Es un cuaderno

Es un gato

¿Dónde está . . ?

Words to Learn

dónde	-	where
en	-	on
bajo	-	under
en	-	in
detrás de	-	behind
delante de	-	in front of
el gato	-	the cat
el perro	-	the dog

¿Dónde está . . ?

¿Dónde está el gato?
Está bajo la mesa

¿Dónde está el libro?

Está ___________ ***la mesa***

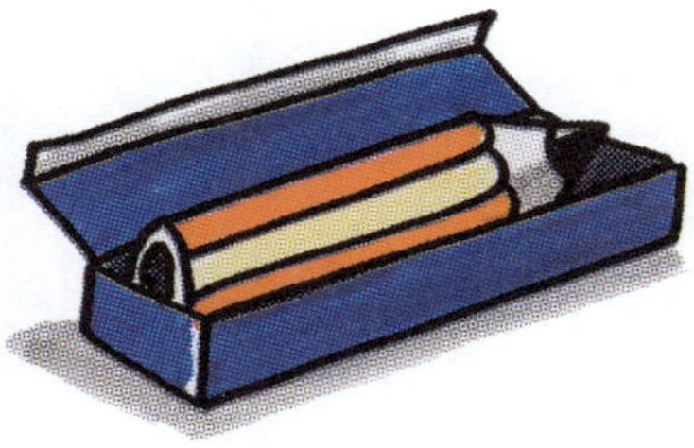

¿Dónde está el lápiz?

Está ___________ ***la caja***

¿Dónde está el perro?

Está ___________ ***la puerta***

¿Dónde está el gato?

Está ___________ ***puerta***

Las estaciones del año

Primavera - spring

Verano - summer

Otoño - autumn

Invierno - winter

Las estaciones del año

Draw a picture to match the season.

En otoño hace viento

En verano brilla el sol, hace calor

En invierno hace frío, nieva

En primavera veo flores

Las tiendas

la carnicería

la panadería

la pastelería

la farmacia

Las tiendas

el estanco

el supermercado

el mercado

una tienda de comestibles

Matching Pairs

an apple	*un plátano*
an orange	*una uva*
a banana	*una pera*
a pear	*una manzana*
a peach	*una piña*
a strawberry	*un melocotón*
a raspberry	*un pomelo*
a grapefruit	*una frambuesa*
a pineapple	*una naranja*
a grape	*una fresa*

Words to Learn

Quisiera	-	I would like
Comprar	-	to buy
Tienes que ir	-	it is necessary to go/you must go
Hay	-	there is/there are
El azúcar	-	sugar
La carne	-	meat
Una manzana	-	an apple
El sello de correos	-	the postage stamp
Un medicamento	-	a medicine

¿Qué hay . . ? - What is there . . ?

Tick the correct answer:

- *¿Qué hay en la carnicería?*

  Hay pan — Hay carne

- *¿Qué hay en la farmacia?*

  Hay manzanas — Hay medicamentos

- *¿Qué hay en la pastelería?*

  Hay un pastel — Hay un plátano

Quisiera comprar - I would like to buy . . .

Tick the correct answer:

- *Quisiera comprar un poco de carne.*

  Tienes que ir a la carnicería. — Tienes que ir a la farmacia.

- *Quisiera comprar un medicamento.*

  Tienes que ir a la tienda de comestibles. — Tienes que ir a la farmacia.

- *Quisiera comprar unas manzanas.*

  Tienes que ir a la tienda de comestibles. — Tienes que ir al mercado.

- *Quisiera comprar algunos sellos.*

  Tienes que ir al estanco. — Tienes que ir a la carnicería.

- *Quisiera comprar azúcar.*

  Tienes que ir a la farmacia. — Tienes que ir al supermercado.

Words to Learn

Los colores

rojo (roja)	-	red
azul	-	blue
rosa	-	pink
marrón	-	brown
amarillo (amarilla)	-	yellow
blanco (blanca)	-	white
naranja	-	orange
negro (negra)	-	black
verde	-	green
gris	-	grey

Los colores

Colour in the boxes and learn the words.

rojo (roja)

azul

rosa

marrón

amarillo (amarilla)

blanco (blanca)

naranja

negro (negra)

verde

gris

¿De qué color es . . ?

¿De qué color es un plátano?

Es amarillo

¿De qué color es una fresa?

Es ______________________________

¿De qué color es el cielo?

Es ______________________________

¿De qué color es la hierba?

Es ______________________________

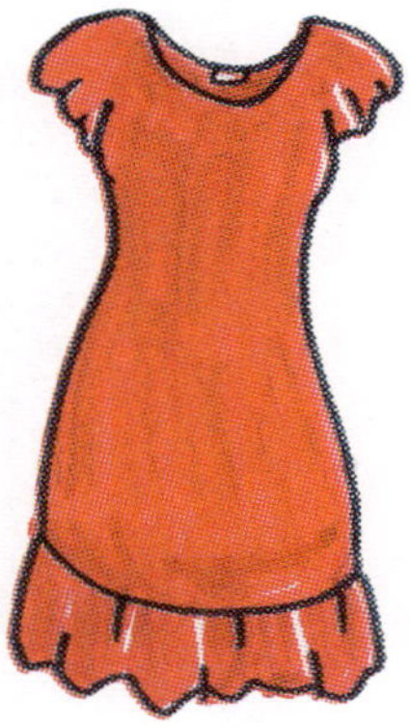

¿De qué color es el vestido?

Es ______________________________

¿De qué color es el sombrero?

Es ______________________________

Words to Learn
La casa

La chimenea	-	the chimney
El tejado	-	the roof
El dormitorio	-	the bedroom
El cuarto de baño	-	the bathroom
La sala de estar	-	the lounge
El comedor	-	the dining room
La cocina	-	the kitchen
El jardín	-	the garden
Un árbol	-	a tree
Un baño	-	a bath
Una olla	-	a pan
Un sillón	-	an armchair
Una flor	-	a flower
El horno	-	the oven
Una cama	-	a bed
Una mesa	-	a table

La casa

Draw the following items in the correct place.

Una cama	*Un baño*	*Un sillón*	*Una mesa*
Un árbol	*Un horno*	*Una olla*	*Una flor*

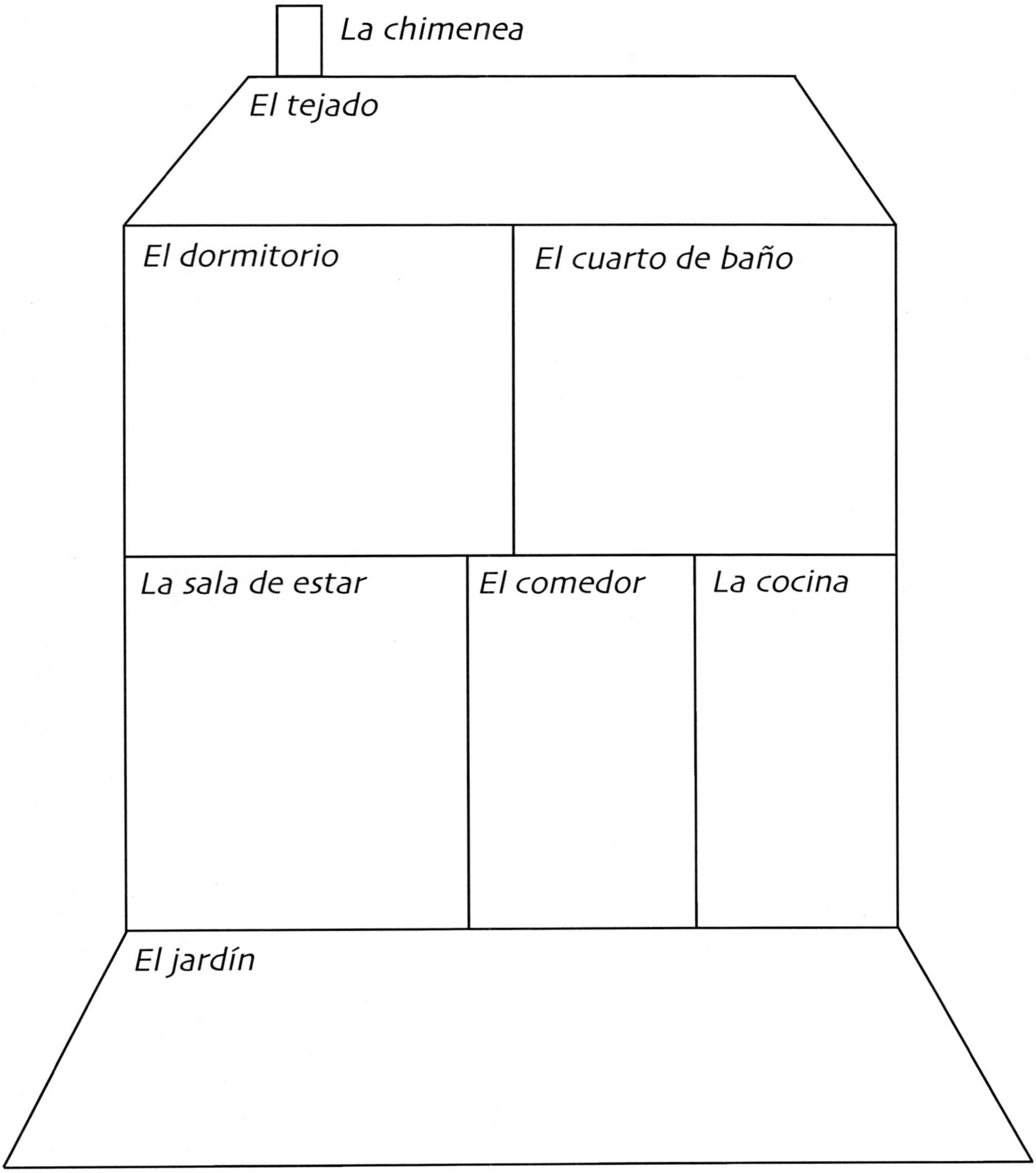

En la cocina

Draw the correct item in each box.

una mesa	*una taza*	*un vaso*

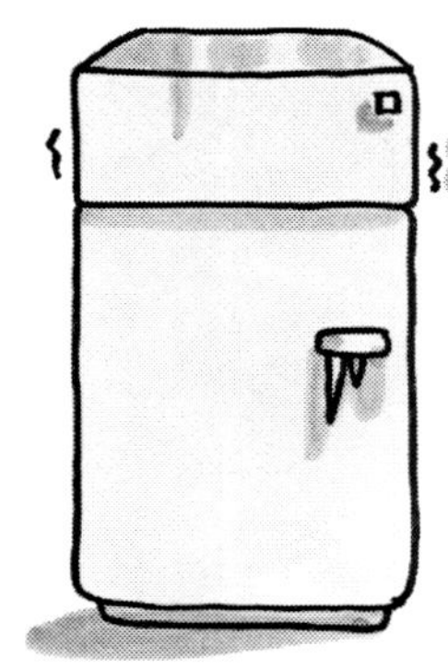

El congelador	*La lavadora*	*El lavavajillas*

En la cocina

Draw the correct item in each box.

un plato	*una olla*	*una sartén*

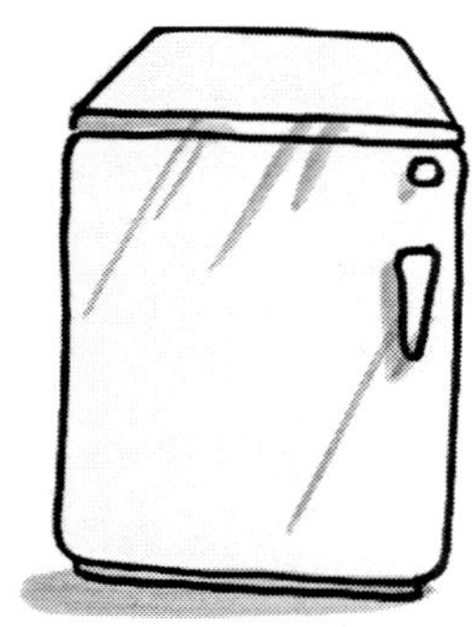

el horno	*un microondas*	*el frigorífico*

En el dormitorio

Draw the correct item in each box.

una cama | *un armario* | *los calcetines*

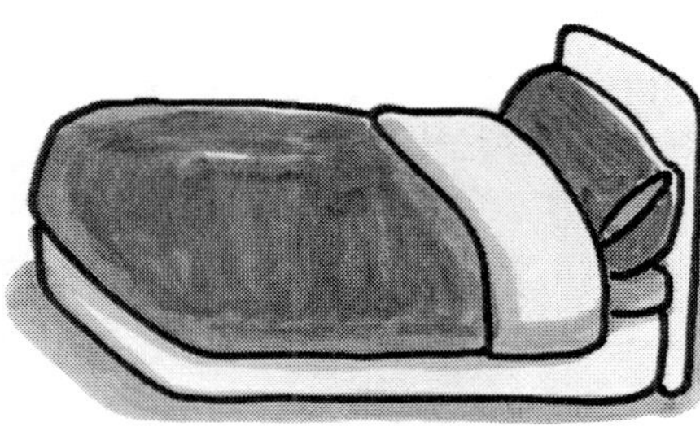

una falda | *un jersey* | *los zapatos*

En el dormitorio

Draw the correct item in each box.

una camisa	*un vestido*	*las zapatillas*

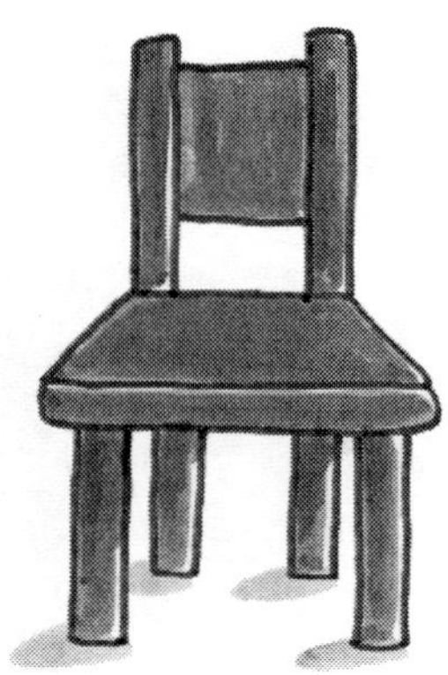
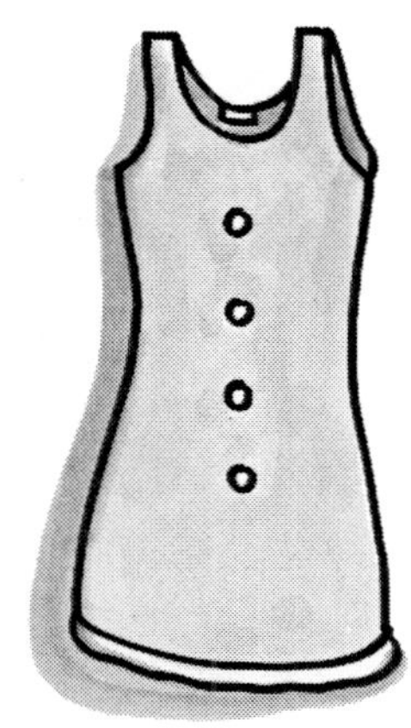

una silla	*una bata*	*un tocador*

En el baño

Draw the correct item in each box.

un baño | *el jabón* | *un lavabo*

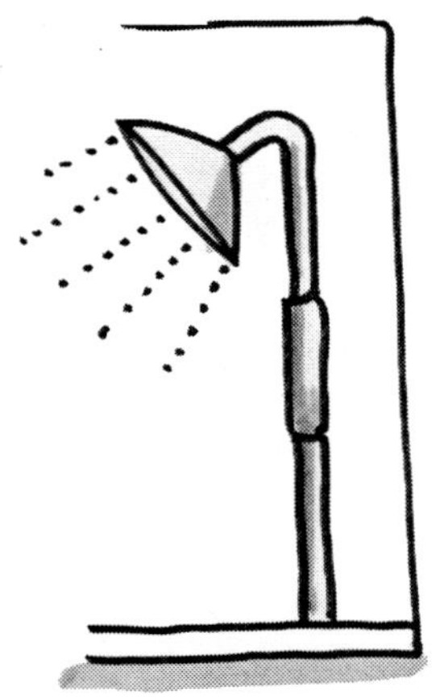

una ducha | *el aseo* | *el papel higiénico*

En el baño

Draw the correct item in each box.

una maquinilla de afeitar | *la pasta de dientes* | *el champú*

un cepillo de dientes | *una toalla* | *un grifo*

En la sala de estar

Draw the correct item in each box.

el estéreo	*el sofá*	*el diario*

una lámpara	*un sillón*	*una mesa*

En la sala de estar

Draw the correct item in each box.

la alfombra	*las cortinas*	*un piano*

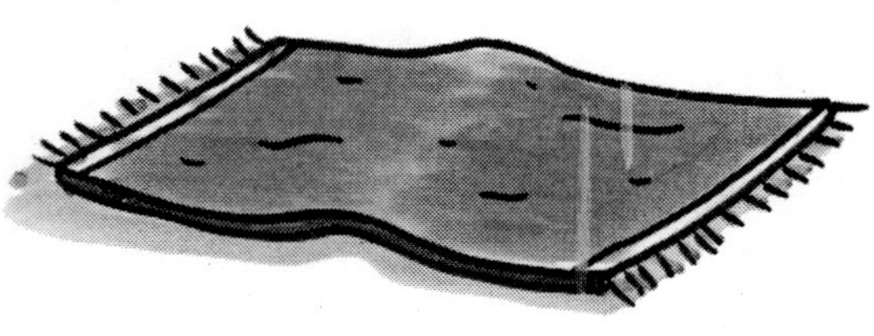

el hogar	*una planta*	*una foto*

En el comedor

Draw the correct item in each box.

un cuchillo	*una barra de pan*	*una mesa*

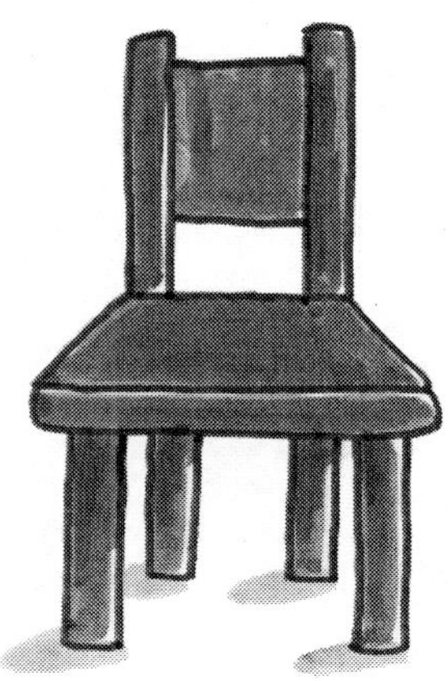

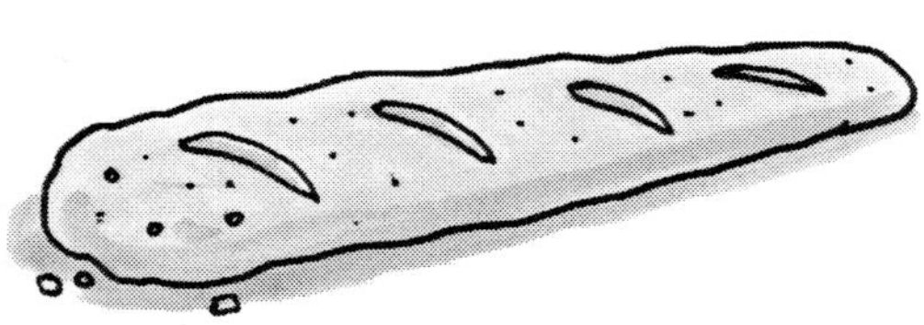

una silla	*un tenedor*	*una cuchara*

En el comedor

Draw the correct item in each box.

una botella de vino tinto

un vaso de vino blanco

un despertador

el cuadro

una jarra de agua

las flores

Words to Learn
En el jardín

Una mariposa	-	a butterfly
Una abeja	-	a bee
Un pájaro	-	a bird
Un conejo	-	a rabbit
Una manzana	-	an apple
Un árbol	-	a tree
Una flor	-	a flower
El césped	-	the lawn

En el jardín

¿Cuántas mariposas hay?	Hay __________ mariposas.
¿Cuántas abejas hay?	Hay ________________ abejas.
¿Cuántos pájaros hay?	Hay ____________________ pájaros.
¿Cuántos conejos hay?	Hay __________________ conejos.
¿Cuántas manzanas hay en el árbol?	En el árbol hay ________ manzanas.
¿Dónde están las flores?	Están __________________ del árbol.
¿De qué color es el césped?	Es _____________________________ .

Words to Learn
En la granja

Un gato	-	a cat
Un caballo	-	a horse
Un perro	-	a dog
El cielo	-	the sky
Un cerdo	-	a pig
La hierba	-	the grass
La casa	-	the house
Una oveja	-	a sheep
Un pollito	-	a baby chicken
El sol	-	the sun
El tejado	-	the roof
El tractor	-	the tractor
Una vaca	-	a cow

En la granja

Colour in the pictures.

El caballo es marrón.
La vaca es blanca y negra.
La oveja es blanca.
El pollito es marrón.
El gato es gris.
El perro es blanco y negro.
El cerdo es de color rosa.
El sol es amarillo.
La casa es blanca.
El tejado de la casa es rojo.
El tractor es azul y verde.

Words to Learn
El cuerpo

Un brazo	-	an arm
La boca	-	the mouth
El cabello	-	the hair
La rodilla	-	the knee
La pierna	-	a leg
Una mano	-	a hand
La nariz	-	the nose
Un ojo	-	an eye
Los ojos	-	the eyes
Una oreja	-	an ear
El pie	-	the foot
La cabeza	-	the head

El cuerpo

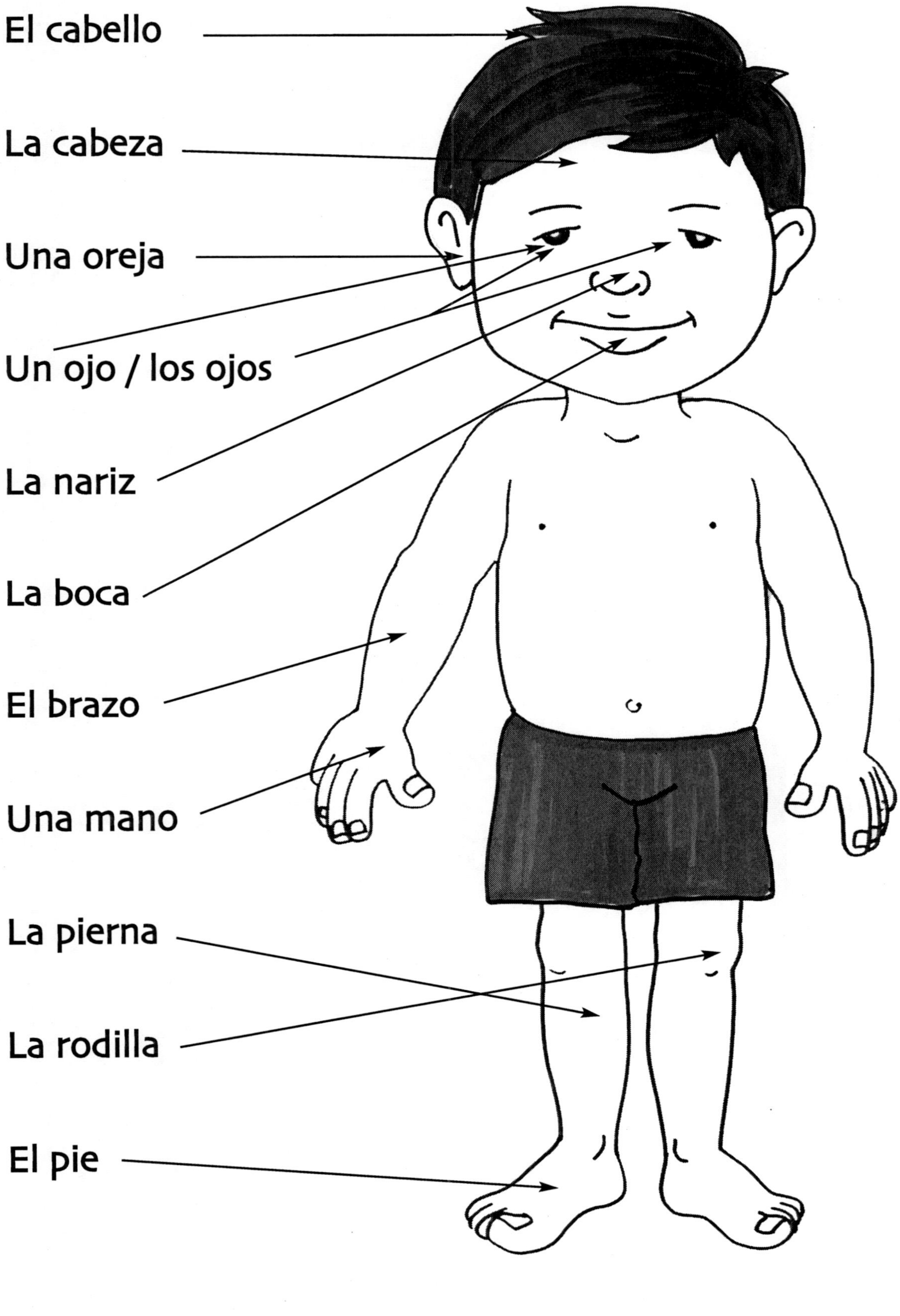

El cabello
La cabeza
Una oreja
Un ojo / los ojos
La nariz
La boca
El brazo
Una mano
La pierna
La rodilla
El pie

El cuerpo

Write in Spanish the correct parts of the body

Los números

1	*uno*	11	*once*
2	*dos*	12	*doce*
3	*tres*	13	*trece*
4	*cuatro*	14	*catorce*
5	*cinco*	15	*quince*
6	*seis*	16	*dieciséis*
7	*siete*	17	*diecisiete*
8	*ocho*	18	*dieciocho*
9	*nueve*	19	*diecinueve*
10	*diez*	20	*veinte*

21	*veintiuno*	30	*treinta*
22	*veintidós*	31	*treinta y uno*
		32	*treinta y dos*
40	*cuarenta*	41	*cuarenta y uno*
		42	*cuarenta y dos*
50	*cincuenta*	51	*cincuenta y uno*
		52	*cincuenta y dos*
60	*sesenta*	61	*sesenta y uno*
		62	*sesenta y dos*
70	*setenta*	71	*setenta y uno*
		72	*setenta y dos*
80	*ochenta*	81	*ochenta y uno*
		82	*ochenta y dos*
90	*noventa*	91	*noventa y uno*
		92	*noventa y dos*
100	*cien*	1000	*mil*

Los días de la semana

lunes	-	Monday
martes	-	Tuesday
miércoles	-	Wednesday
jueves	-	Thursday
viernes	-	Friday
sábado	-	Saturday
domingo	-	Sunday
el fin de semana	-	the weekend

Los meses del año

enero	-	January
febrero	-	February
marzo	-	March
abril	-	April
mayo	-	May
junio	-	June
julio	-	July
agosto	-	August
septiembre	-	September
octubre	-	October
noviembre	-	November
diciembre	-	December

la mañana	-	morning
la tarde	-	afternoon
la noche	-	night/evening

A - a

Abrir	-	to open
Adiós	-	good-bye
La alfombra	-	the carpet
Algo	-	something
Anfitrión (anfitriona)	-	host
Aquí	-	here
Un árbol	-	a tree
Un armario	-	a wardrobe/cupboard
Ayer	-	yesterday
El azúcar	-	sugar

B - b

Bajo	-	under
Un/El baño	-	a bath/the bathroom
Una barra de pan	-	a French stick
Una bata	-	a dressing gown
La boca	-	the mouth
El bolígrafo	-	a pen
Una botella	-	a bottle
El brazo	-	the arm
Brillar	-	to shine
Buen provecho	-	enjoy your meal
Buenos días	-	good morning

C - c

Un caballo	-	a horse
El cabello	-	hair
La cabeza	-	the head
Un café	-	a café
Un café solo	-	a black coffee
Una caja	-	a box
Los calcetines	-	socks
Caliente	-	hot
Una cama	-	a bed
Una camisa	-	a shirt
La carne	-	meat
La carnicería	-	the butcher's
Una casa	-	a house
Un cepillo de dientes	-	a toothbrush
Un cerdo	-	a pig
El césped	-	the lawn
El champú	-	shampoo
La chimenea	-	the chimney
El cielo	-	the sky
La cocina	-	the kitchen
El comedor	-	the dining room
La comida	-	the food
Como	-	how / like
Comprar	-	to buy
Un conejo	-	a rabbit
El congelador	-	the deep freeze
Un cortado	-	a white coffee
Las cortinas	-	the curtains

Un cuaderno	-	an exercise book
El cuadro	-	the picture
Cuál (cuáles)	-	which?
Cuándo	-	when?
Cuántos (cuántas)	-	how many?
Un cuarto	-	a quarter
Una cuchara	-	a spoon
Un cuchillo	-	a knife
La cuenta	-	the bill
El cuerpo	-	the body
Un cumpleaños	-	a birthday

D - d

Debajo	-	under
Delante de	-	in front of
Un despertador	-	an alarm clock
Detrás de	-	behind
Dónde	-	where
El diario	-	the newspaper
El dormitorio	-	the bedroom
Una ducha	-	a shower
A la derecha	-	to/on the right

E - e

Él	-	he/it
Ella	-	she/it
En	-	in/on
Es	-	it is . . .
Un espejo	-	a mirror
Una esposa	-	a wife
El estanco	-	the tobacconists
El estéreo	-	the stereo

F - f

Una falda	-	a skirt
La farmacia	-	the chemist's shop
Una flor	-	a flower
Una foto	-	a photo(graph)
Una frambuesa	-	a raspberry
Una fresa	-	a strawberry
El frigorífico	-	the fridge
Frío (fría)	-	cold

G - g

Un gato	-	a cat
Una granja	-	a farm
Un grifo	-	a tap

H - h

Hay	-	there is/there are
Un helado	-	an ice-cream
Una hermana	-	a sister
Un hermano	-	a brother
La hierba	-	the grass
Una hija	-	a daughter
Un hijo	-	a son
El hogar	-	the fireplace
Hola	-	hello
La hora	-	time/hour
El horno	-	the oven
Hoy	-	today

I - i

Invierno	-	winter
Ir	-	to go
A la izquierda	-	to/on the left

J - j

El jabón	-	the soap
El jardín	-	the garden
Una jarra	-	a jug
Un jersey	-	a sweater/pullover

K - k

L - l

Un lápiz	-	a pencil
Un lavabo	-	a washbasin
La lavadora	-	the washing machine
El lavavajillas	-	the dishwasher
Un libro	-	a book

M - m

La madre	-	the mother
Mamá	-	Mum
Una mano	-	a hand
Una manzana	-	an apple
Un marido	-	a husband
Una mariposa	-	a butterfly
Una maquinilla de afeitar	-	a razor
Medianoche	-	midnight
Un medicamento	-	medicine
Medio (media)	-	half
Un melocotón	-	a peach
Un menú	-	a menu
El mercado	-	the market
La mesa	-	the table
Un microondas	-	a microwave

N - n

Nadar	-	to swim
Una naranja	-	an orange
La nariz	-	the nose
Nevar	-	to snow
La nieve	-	the snow
Un niño	-	a boy
No	-	no
Una nube	-	a cloud

O - o

Un ojo	-	an eye
Los ojos	-	the eyes
Una olla	-	a pan
O (becomes 'u' before words starting 'o' or 'ho')	-	or
Un ordenador	-	a computer
Una oreja	-	an ear
El otoño	-	autumn
Una oveja	-	a sheep

P - p

El padre	-	the father
Un pájaro	-	a bird
El pan	-	bread
La panadería	-	the baker's
Papá	-	Dad
El papel higiénico	-	toilet paper
La pasta de dientes	-	toothpaste
Un pastel	-	a cake
La pastelería	-	the cake shop
Una pera	-	a pear
Un perro	-	a dog
Un pez de colores	-	a goldfish
Un piano	-	a piano
El pie	-	the foot
La pierna	-	the leg
Una piña	-	a pineapple
Una planta	-	a plant
Un plátano	-	a banana
Un plato	-	a plate
Un pollito	-	a baby chicken
Un pomelo	-	a grapefruit
Por favor	-	please
Primavera	-	spring
La puerta	-	the door

Q - q

Qué	-	what
¿qué es eso?	-	what is it?
¿qué hora es?	-	what time is it?
¿quién?	-	who?
Un quiosco	-	a kiosk/news stand
Quisiera	-	I would like

R - r

Un reloj	-	a clock
La rodilla	-	the knee

S - s

La sala de estar	-	the lounge
Una sartén	-	a frying pan
El sello de correos	-	postage stamp
Señor	-	Mr/Sir
Señora	-	Madam / Mrs
Señorita	-	Miss
Sí	-	yes

Una silla	-	a chair
Un sillón	-	an armchair
Sofá	-	sofa
El sol	-	the sun
Un sombrero	-	a hat
El supermercado	-	the supermarket

T - t

Una taza	-	a cup
El tejado	-	the roof
Un tenedor	-	a fork
Una tienda	-	a shop
Una tienda de comestibles	-	a grocer's shop
Una toalla	-	a towel
El tocador	-	the dressing table
El tractor	-	the tractor

U - u

Un/uno/una	-	*one/a*
El uso	-	*the use*
Una uva	-	*a grape*

V - v

La vaca	-	the cow
Un vaso	-	a glass
Una ventana	-	a window
Verano	-	summer
Vino blanco	-	white wine
Vino tinto	-	red wine
El viento	-	the wind
Un vestido	-	a dress

W - w

X - x

Y - y

Y (becomes 'e' before words starting 'i' or 'hi')	-	and

Z - z

Las zapatillas	-	slippers